Débile ?

et autres poèmes tordus

de François Gravel
~~illustré par Virginie Egger~~

Bienvenue dans la vie, Sophie ! F.G.
Au revoir, Frédéric. V.E.

Les 400 coups

Drôle de journée !

J'ai cherché midi à quatorze heures,
Mais il était parti à un cinq à sept.
Dure journée, vous l'avez deviné !

J'ai repéré le sud, l'est et l'ouest,
Mais on m'a donné carte blanche
Et j'ai perdu le nord. Quel malheur !

J'ai semé du vent dans mon jardin,
Mais je n'ai récolté qu'une tempête
Dans un verre d'eau.
Quel mauvais sort !

est
SUD

Pour tuer le temps, j'ai voulu faire du sport,
Mais l'arbitre a demandé un temps mort.
Quel malheur, encore et encore !

Scié par ma drôle de journée,
Je me suis couché sur mon testament
Et j'ai dormi comme une bûche !

Testame

À l'école des animaux

Ce n'est pas un jour banal.
À l'école des animaux,
On prépare l'examen final.

Le castor taille ses crayons,
Le perroquet répète ses leçons,
Et le singe se tord la face
Pour apprendre de nouvelles grimaces.

La chouette met ses lunettes
Pour naviguer sur Internet
Et le crabe avance en diagonale.
Il développe ses compétences transversales.

Tous travaillent comme des bêtes
Sauf l'âne, dans son coin,
Qui ne fait jamais rien.

Mais aussi fort qu'ils étudient,
C'est la girafe qui rafle tous les prix :
Avec son grand cou, elle copie !

Ce que je veux pour Noël

Je veux un gant de baseball avec un aimant
Pour tout attraper dedans
Sauf les maladies.

Je veux que Noé revienne avec son bateau
Pour sauver tous les animaux
Sauf les maringouins.

Je veux une lampe magique qui contienne un vrai génie
Et s'il n'est pas vraiment génial, eh bien tant pis :
Ça me fera quand même un ami.

Je veux un fou, une reine, un cavalier, un roi
Pour jouer contre le malheur
Et le mettre échec et mat.

Je veux des professeurs si vieux
Qu'ils racontent plein d'histoires
Et oublient de donner des devoirs.

Je veux que David gagne toujours contre Goliath
Et que les grands n'attaquent jamais les petits.

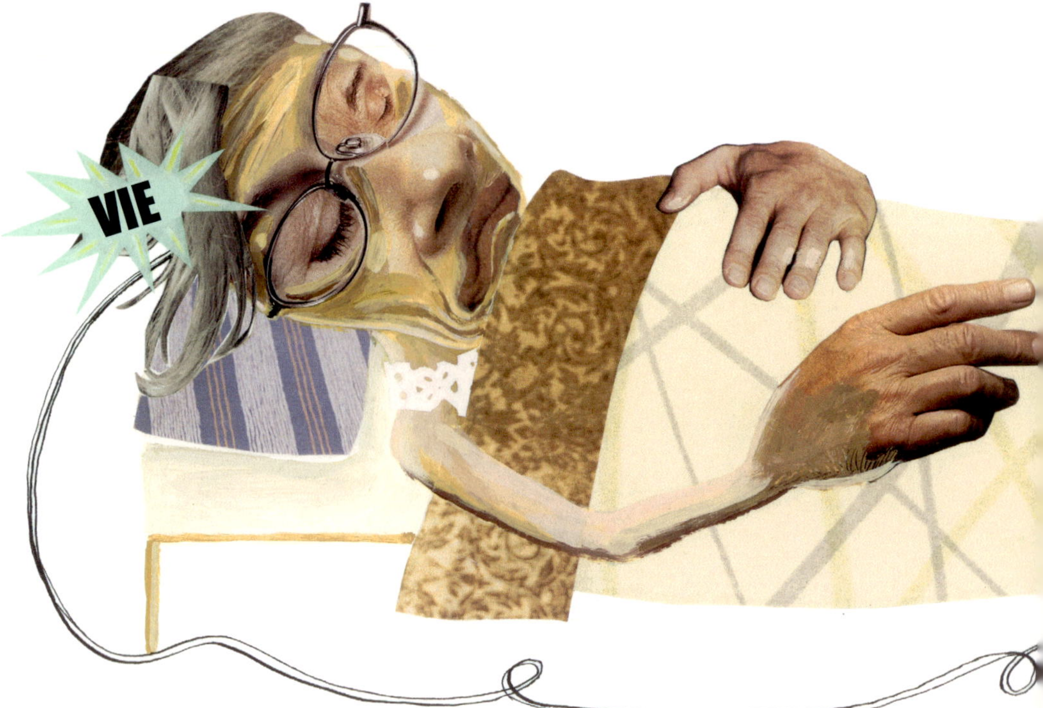

Je veux une machine à voyager dans le temps
Pour voir comment ce sera quand je serai grand.

Je veux surtout un jeu vidéo qui marche vraiment
Pour gagner des vies supplémentaires
Et les donner à ma grand-mère.

Mens sana in corpore sano

Un esprit sain dans un corps sain,
Comme on dit en latin,
C'est sûrement très bien.
Mais pourquoi se contenter de si peu
Quand on peut avoir encore mieux...

Un esprit beau dans un corbeau,
Un esprit net dans une cornette,
Un esprit nu dans une cornue,
Un esprit billard dans un corbillard !

Et pourquoi pas un esprit sage dans un corsage,
Un esprit muse dans une cornemuse,
Ou un esprit nichon dans un cornichon ?

Un esprit neille dans une corneille,
Un esprit vette dans une corvette,
Un esprit moran dans un cormoran,
Un esprit donnier dans un cordonnier mal chaussé...

Quand on a de l'imagination,
L'esprit naît dans un cornet!

Au restaurant des oiseaux

— Qui veut du coulis ? demande le garçon canari.

— Je prendrais volontiers un coulis de cacao sur mon coco ! caquète le coucou.

— Et moi un coulis de noix de coco sur mon clafoutis ! dit son compère coulicou.

— Du coulis ? Ah oui ! crie le coq en poussant quelques cocoricos bien sentis. Si le coucou a du coulis de cacao sur son coco et le coulicou du coulis de noix de coco sur son clafoutis, je veux un coulis de carottes dans mon coquetier !

— Pour moi, dit le canard, ce sera un simple coulis de caramel sur mes cacahouètes, plus quatre coulis à la carte et un café crème pour mon camarade cacatoès !

— C'est noté ! dit le canari, qui court à la cuisine quérir un coulis de cacao pour le coco du coucou, un coulis de noix de coco pour le clafoutis du coulicou, un coulis de carottes pour le coquetier du coq, un coulis de caramel pour les cacahouètes du canard, quatre coulis à la carte et un café crème pour son camarade cacatoès.

— Ça roule ! dit le cuisinier. J'ai tout retenu dans mon coco de colibri ! Qu'est-ce que tu en dis, canari ?

— Ouf ! Quelle cacophonie ! Vite, quelques cachets pour calmer mon mal de crâne carabiné !

Comment aider sa grande sœur à devenir quelqu'un de bien

Pour réaliser cette expérience amusante,
Enfermez-vous dans la salle de bains
Et ne laissez entrer personne.
Si on frappe, ne répondez surtout pas !

Déroulez lentement le papier hygiénique,
Étendez-le par terre,
Et mesurez-le avec précision.
Faites-en autant avec la soie dentaire.
Lequel est le plus long ?
Le plus dur à rembobiner ?

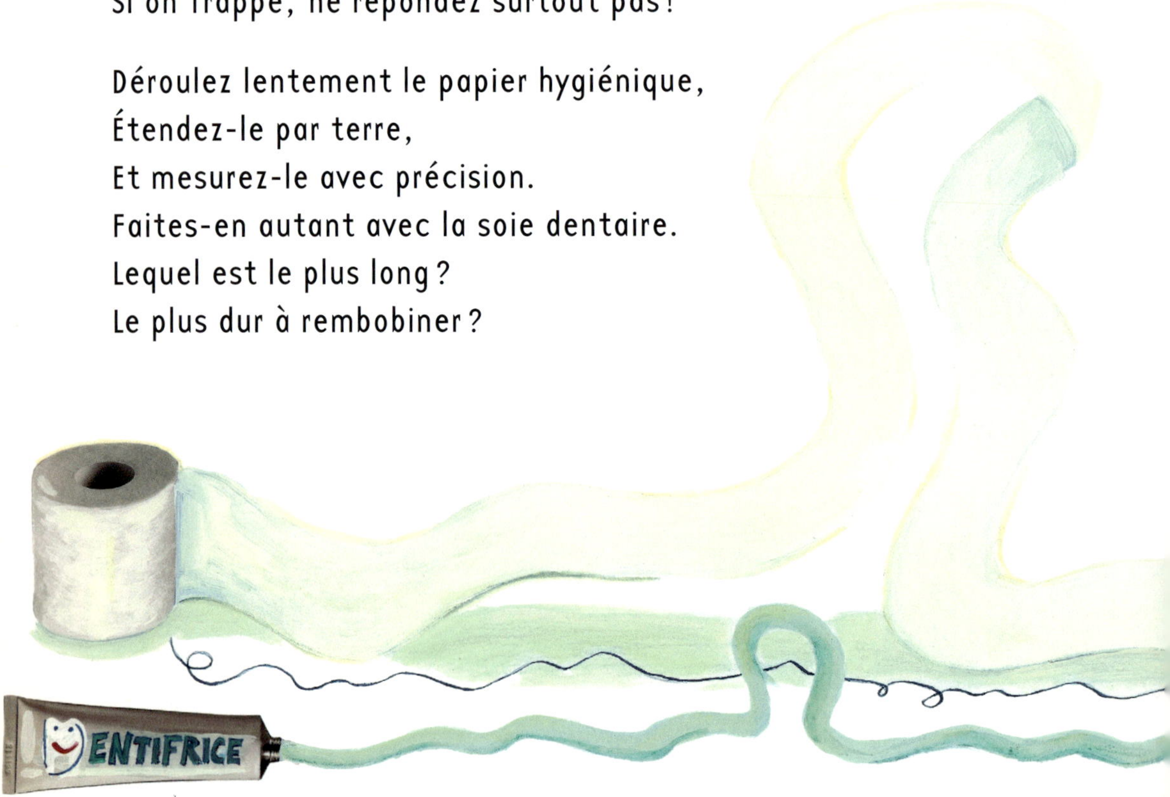

Le jeu est fastidieux ?
Tant mieux !
C'est le but de l'opération :
Plus on perd son temps,
Plus on est content !

Procédez ensuite à des expériences scientifiques
En étirant le fil du sèche-cheveux
Et celui du rasoir électrique.
Faites mousser la crème à raser et les shampoings,
Le dentifrice et les sels de bain.

Si vous vous lassez de la science,
Livrez-vous à quelques jeux de patience.
Comptez les tuiles autour de la baignoire,
Les cotons-tiges dans le tiroir,
Les pots de crème dans les armoires.

Quand votre grande sœur finira par entrer,
Elle sera très fâchée – et vous la comprendrez :
Elle attend depuis une heure !
Expliquez-lui alors le but de votre expérience :
Trouver la meilleure des grandes sœurs,
La championne mondiale de la patience !
Dites-lui qu'elle a gagné une place d'honneur
Dans le Livre des records ! Quel bonheur !

Si elle vous croit, bravo,
Vous êtes drôlement doué.
Sinon, courez vite vous cacher !

Patience

1264 points

J'ai bu du whisky avec un joueur de hockey dyslexique,
J'ai dansé le swing et le slow avec un wapiti anxieux
Qui jouait du jerk sur le xylophone d'un lynx furieux
Pendant qu'un wombat dithyrambique aux yeux globuleux
Oxygénait son larynx en jodlant avec un yéti zélé.

J'ai joué au squash et au water-polo
Avec deux Aztèques, dix Wallons et douze Wisigoths,
Puis j'ai passé mon week-end dans un wagon,
Assis sur mon coccyx, à écouter du jazz sur mon walkman
Pendant qu'un wallaby wali vêtu de tweed et de jersey
Mangeait des kiwis en jouant au walé sur le quai.

Me voici prêt pour mon tournoi de scrabble :
Mon poème vaut 1264 points !

Le grand amour

J'aimerais être un jaguar pour courir plus vite vers toi
Et ronronner quand tu me flattes,
Une araignée pour t'attraper dans ma toile
Sans te piquer,
Un singe pour te faire rire
Avec mes grimaces,
Une grenouille pour sauter dans tes bras
Et me faire embrasser,
Un perroquet pour te répéter des mots d'amour
Sans me fatiguer,
Un caméléon pour imiter les couleurs
Des plus belles fleurs,
Une baleine pour t'emmener en croisière
Dans toutes les mers,
Une pieuvre pour te serrer dans mes bras
Et te chatouiller avec mes ventouses,

Un paresseux pour dormir toujours près de toi,
La tête en bas, mais le cœur au bon endroit.

La revue des desserts

Ingrédients, debout!
Ga-a-a-rde à vous!
Fraises, framboises, bleuets, chocolat,
Pistaches, pacanes, noisettes et noix,
Présentez armes! Relevez le menton!
Prenez vos positions en claquant du talon!

Cristaux d'érable ou de nougat,
Vanille, kiwi, rhum, ananas,
Préparez-vous pour l'inspection!
Tout le monde y est? Pa-a-a-rfait!
Ouvrez vos oreilles! **F e r m e z   v o s   c l a p e t s !**

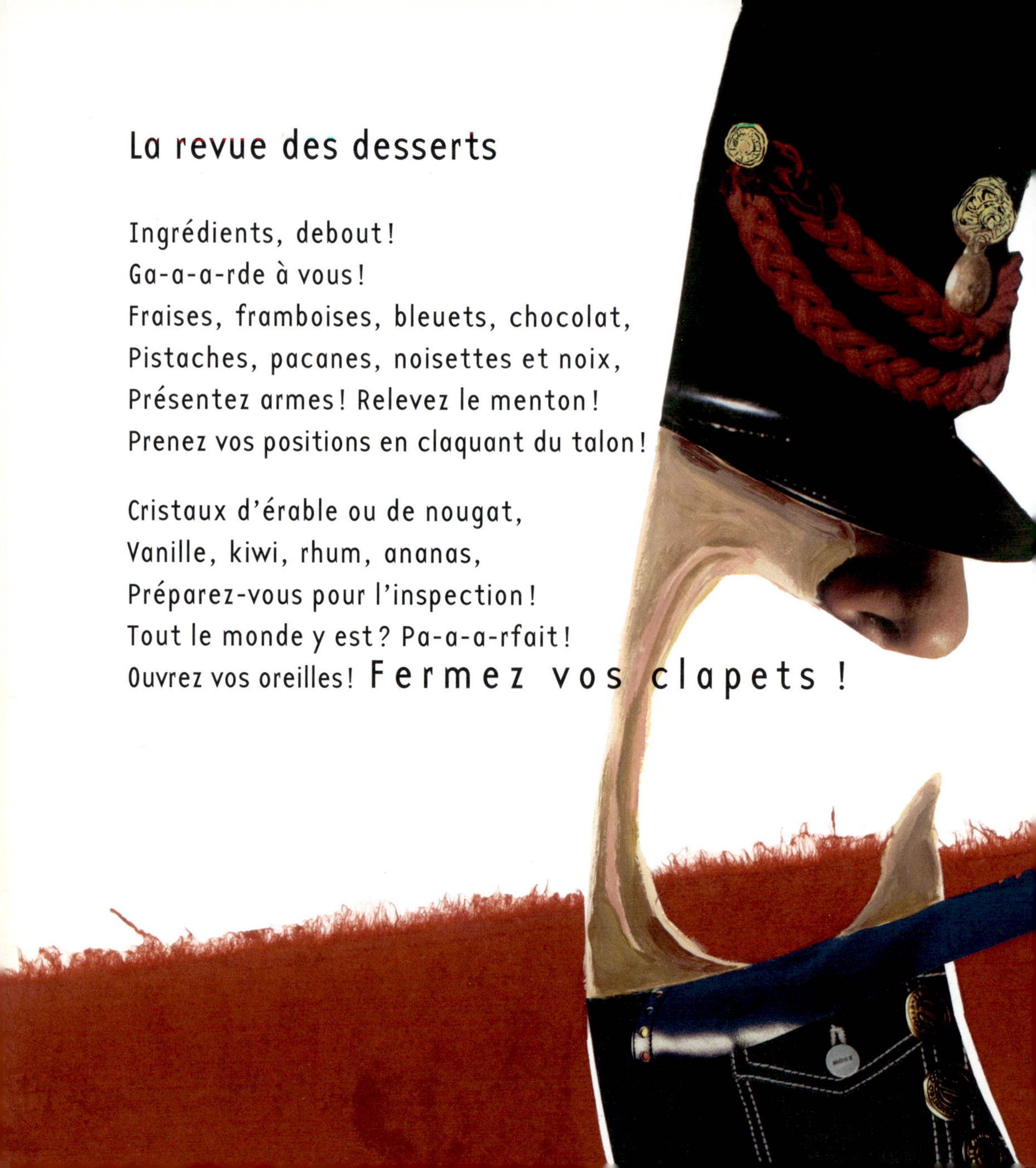

Votre général n'est pas content de vous !
Pas content du tout !

Voulez-vous mourir, tristes et sans gloire,
Dévorés sans plaisir et trop vite oubliés ?
Ne préférez-vous pas terrasser les éclairs,
Mater les gâteaux, éclipser les beignets,
Écraser à jamais tous les autres desserts ?
Si c'est le cas, voici ce qu'il faut faire.

Laissez-vous d'abord enrober
D'une épaisse couche de crème sucrée.
Marchez ensuite en rangs serrés
Jusqu'au plus proche congélateur.
Vous deviendrez en quelques heures,
L'invincible armée de la Crème Glacée !

Tartes, puddings, biscuits,
Croustades et pâtisseries,
Tous devront s'incliner
Devant votre éclatante supériorité.
Vous les écraserez, les écrabouillerez !
Nul dessert ne pourra vous résister !

Une fois ces adversaires humiliés,
Vous pourrez enfin vous attaquer
Aux pires ennemis de l'humanité !

Les petites peines et les grands malheurs,
Les jours d'ennui et de grandes chaleurs,
Disparaîtront de la surface de la terre !
Finie la douleur ! Oubliées les erreurs !
Vous serez les maîtres de l'univers
Et dispenserez partout du bonheur !

Gloire à toi, ô Grande Armée de la Crème Glacée !

Trésors

Les autruches ne sont pas si bêtes
Quand elles se cachent la tête
Sous le sable du désert.
D’abord il y fait moins chaud,
C’est excellent pour la peau,
Et ça grouille de vers de terre.
Pour nous, c’est un peu dégueu,
Mais pour un oiseau, c’est délicieux !
Quant aux racines de pissenlits,
On dit que c’est la meilleure partie !

Mais ce n'est pas tout ! Regarder sous la terre
Permet surtout de voir le monde à l'envers.

On découvre des lacs, des mers, des rivières,
Des pierres précieuses, des coffres au trésor,
Des diamants, des rubis, des pépites d'or,
Des bateaux pirates, des continents engloutis,
Des galeries d'art, des pyramides ensevelies,
Des squelettes de mammouths ou de dinosaures,

Et quand on regarde très loin,
Mais vraiment très loin,
De l'autre côté de la Terre,
On peut voir, du fond des mers,
Des icebergs à l'envers.

Ce ne sont pas les autruches qui sont bêtes,
Ce sont les humains !
Ils ne se servent pas de leur tête
Et ils ne voient rien !
S'ils imitaient les autruches de temps en temps,
Ils éviteraient bien des accidents !

J'aime pas l'amour

L'amour c'est poche
L'amour c'est moche
L'amour c'est tache
L'amour c'est ouache.

Les amoureux sont comme des fous.
Ils ne voient rien, se cognent partout :
Ils se dévorent des yeux
Au lieu de regarder devant eux !

Ils veulent toujours se tripoter
Se câliner, se cajoler,
Se chatouiller, se bécoter,
Et puis ils parlent comme des bébés !

Ils se donnent des baisers mouillés
Qui durent des heures et des heures
Ils refusent de s'arrêter
Même quand ils font de la vapeur !

tacheouachepochemochetacheouachepochemochetacheouache

Pour mieux se caresser
Ils ôtent leur chemise et leur robe
Ils veulent vraiment tout partager,
Même la salive et les microbes !

Imaginez, j'en connais même
Qui composent des poèmes !
Ils n'ont pas peur du ridicule,
Ce sont vraiment les plus nuls !

Jamais je ne serai amoureux !
Pas question de leur ressembler !
Ce qu'il me faut pour être heureux,
C'est mon hockey et mes bédés !

Voyage en Amnésie
et autres poèmes débiles
de François Gravel
illustré par Virginie Egger
Les 400 coups

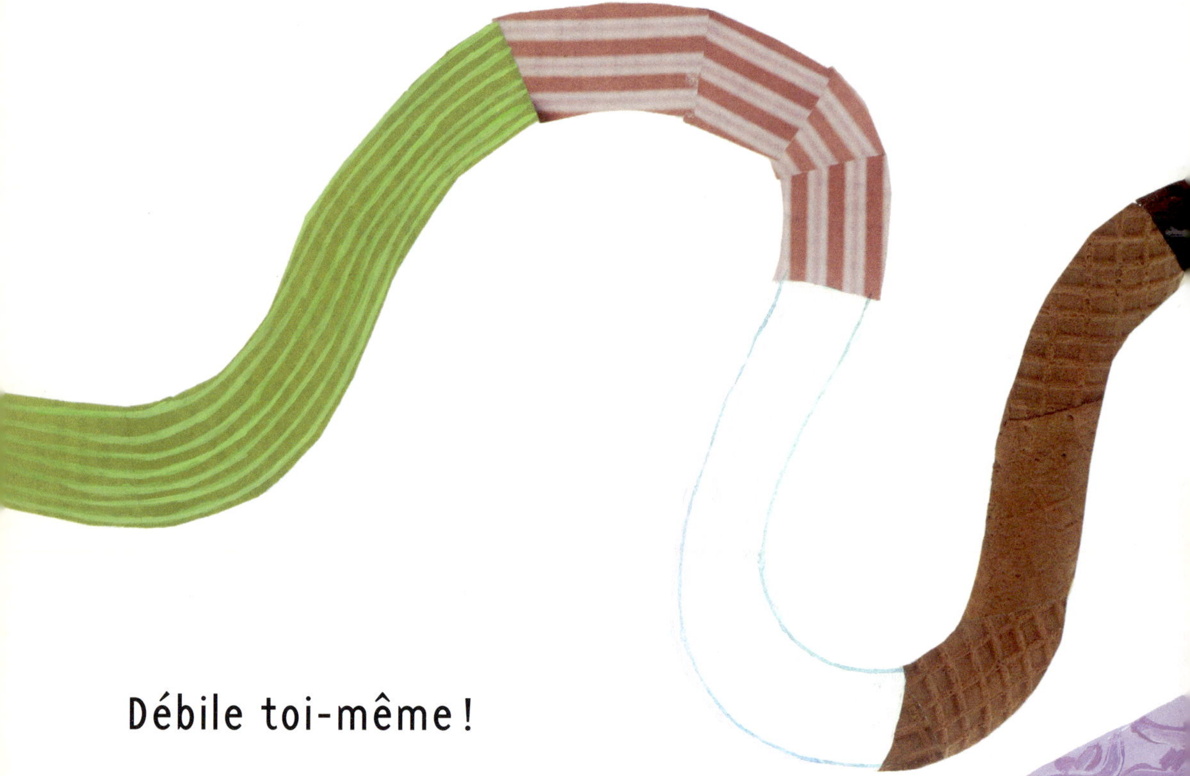

Débile toi-même !

Celui qui le dit, celui qui l'est
Celui qui rit, celui qui est laid
Tous les lundis, t'as l'air épais
Comme un céleri qui boit du lait
Une chauve-souris dans un cornet
Mardi aussi, deuxième essai
Tes spaghettis goûtent le bleuet

Le mercredi t'arrêtes jamais
De faire pipi dans ton chalet
Jeudi midi passe le balai
Tu as du riz dans le cervelet
Le vendredi tu en remets
Tes bigoudis sentent le navet
Jusqu'au samedi si ça te plaît
Dimanche aussi reste aux aguets
Si t'as compris c'qui vient après.

Celui qui le dit, celui qui l'est
Si tu répètes t'es une lavette
Une mitraillette à ciboulette
Une petite sonnette de trottinette
T'as l'air d'une chouette à grosses lunettes
Tu fais des pets comme une trompette
Tes cigarettes sentent la moufette
La sauce trempette pour les crevettes
Pique ta fourchette dans tes croquettes
Mets des boulettes dans ton assiette
Compte jusqu'à sept, lance ta serviette
À une mauviette qui a des dettes !

CHOUETTE

Le hamster

J'avais un hamster extraordinaire
Qui courait toute la journée
Pour produire de l'électricité.
Il la vendait très cher
Et il est devenu millionnaire.

Il aurait pu acheter un jet privé
Et faire le tour de la Terre
Ou alors ne rien faire
Et paresser toute la journée,
Mais il a continué à se démener.

Il a engagé un entraîneur privé
Il a levé des poids et des haltères,
Il a couru, il a pédalé,
Il s'est gavé de capsules de fer
Et de suppléments vitaminés.

Il est bientôt devenu si fort, si musclé,
Qu'il faisait tourner la Terre sous ses pieds.
S'il s'ennuyait, il accélérait ses journées.
Quand il était heureux, il n'avait qu'à freiner.

C'était vraiment un hamster extraordinaire.
Grâce à lui, je sais ce qu'il faut faire
Pour être heureux sur la Terre.

L'interminable histoire de Martin le gredin

Oyez, oyez, gens de bien et malandrins,
L'interminable histoire de Martin,
Le fieffé gredin des temps anciens,
Qui menace de son gourdin
Un voleur de grand chemin
Afin de lui prendre son bien.

— Hélas, je n'ai plus rien, monsieur Martin!
Dit le voleur de grand chemin.

Je me suis fait dérober mon gain
Par un malin coquin rouquin !

— Mais c'est immoral ! dit le gredin
Un vrai scandale ! Quel infâme requin !
J'irai demain sur les chemins
Et récupérerai votre bien,
Foi de Martin, le fieffé gredin !

Martin part donc avec son chien
Et retrouve le coquin rouquin.

Mais le voleur n'a plus rien !
Un tricheur cubain lui a pris son butin
Et s'est enfui dans son pays lointain !

– Mais c'est immoral ! dit le gredin
Un vrai scandale ! Quel infâme requin !
J'irai demain sur les chemins
Et récupérerai votre bien,
Foi de Martin, le fieffé gredin !

Martin retrouve le tricheur cubain
Et l'entraîne dans un coin
Pour lui donner des coups de gourdin.
Mais le tricheur n'a plus rien,
Pas même une miette de pain !
Un cambrioleur ontarien
Lui a pris son butin !

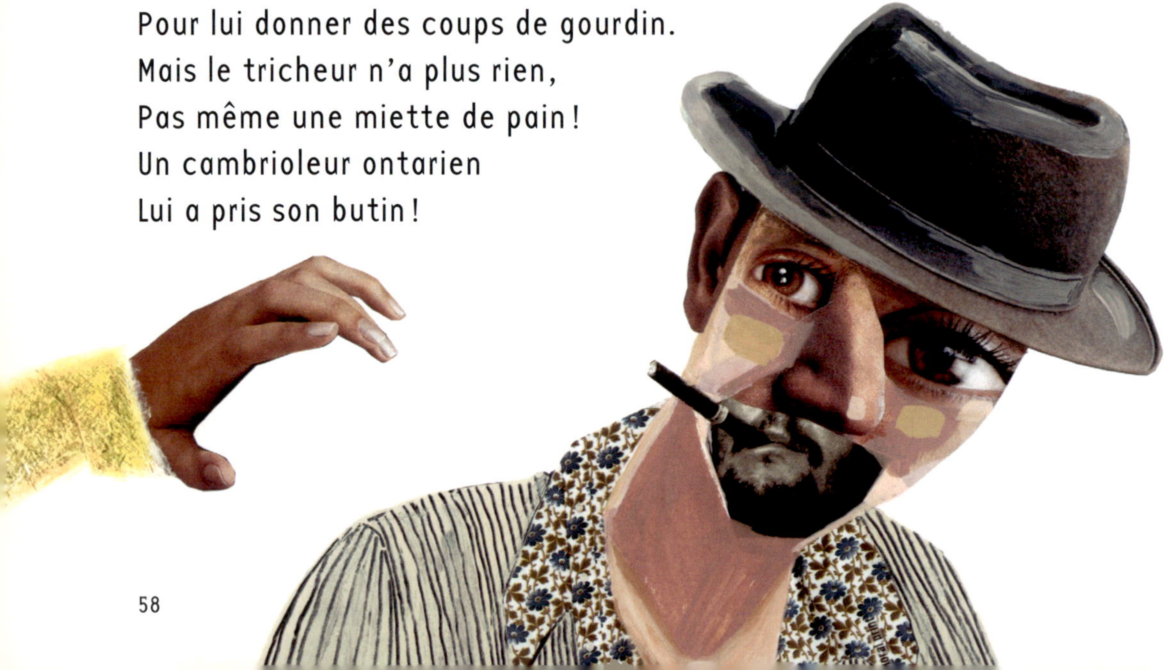

— Mais c'est immoral ! dit le gredin.
Un vrai scandale ! Quel requin que cet Ontarien !
J'irai demain sur les chemins
Et récupérerai votre bien,
Foi de Martin, le fieffé gredin !

Martin reprend son chemin avec son chien
Et retrouve l'Ontarien le lendemain,
Vous aviez deviné ? Vous êtes un fin devin !

— Votre butin, hélas, est passé par bien des mains !
Dit le cambrioleur ontarien :
Celles d'un pickpocket arménien
Et de son homme de main roumain
Qui avaient dévalisé vingt moulins
Et quatre-vingts magasins de vin.

Celles d'un assassin mondain habillé de satin
Et de ses complices amérindiens vêtus de lin très fin,
Sans oublier le gangster américain et le filou poméranien,
L'aigrefin lituanien et le malfaiteur chilien un peu éteint,
Enfin ce vaurien italien qui a filé par le train de midi moins vingt,
Qui avait de mauvais freins et a fini dans un ravin.
Pensons-y bien, j'espère que je n'oublie rien...

— Ça suffit ! s'exclame Martin le gredin.
Je commence à en avoir assez de courir les chemins !
Arrêtons-nous un brin et réfléchissons à notre destin.
Pourquoi suis-je gredin plutôt que médecin ?
Je pourrais aussi être musicien, mécanicien,
Ou encore gardien, magicien, électricien...
Et pourquoi, au juste, suis-je un fieffé gredin ?

Si au moins j'avais un dictionnaire sous la main
Plutôt que ce stupide gourdin qui ne sert à rien !
Mais de dictionnaire je n'ai point.
Sinon ce dictionnaire de rimes que j'ai pris à mon voisin
Celui qui s'appelle Raymond.

Et si j'en profitais pour changer de nom et de vocation ?
Désormais, je m'appelle Gaston le bon larron,
Et je suis vendeur de caleçons longs,
Un vendeur à commission, comme de raison.
Peut-être devrais-je vendre plutôt des chaussons ?
Des saucissons ? Des macarons ? Du jambon ?
Des moutons ? Des chatons ? Des ratons ?
Qui va m'aider à creuser ce filon ?

Nous remercions le Conseil des Arts du Canada de l'aide accordée à notre programme de publication et la SODEC pour son appui financier en vertu du Programme d'aide aux entreprises du livre et de l'édition spécialisée.

Nous reconnaissons l'aide financière du gouvernement du Canada par l'entremise du Programme d'aide au développement de l'industrie de l'édition (PADIÉ) pour nos activités d'édition.

Virginie Egger remercie le Conseil des arts et des lettres du Québec pour son appui financier.

Débile toi-même !
et autres poèmes tordus
a été publié sous la direction de Catherine Germain.

Design graphique : Andrée Lauzon
Révision : Sylvie Roche
Correction : Marie-Claude Rochon

Merci à Clarence Egger pour sa collaboration.

Diffusion au Canada
Diffusion Dimedia inc.
539, boulevard Lebeau
Saint-Laurent (Québec)
H4N 1S2

Diffusion en Europe
Le Seuil

Dépôt légal – 2e trimestre 2007
Bibliothèque et Archives
nationales du Québec
Bibliothèque nationale du Canada
ISBN 978-2-89540-325-8

Loi 49-956 du 16 juillet 1949 sur les publications destinées à la jeunesse.

Imprimé au Canada sur les presses de LithoChic.

Catalogage avant publication de Bibliothèque et Archives nationales du Québec et Bibliothèque et Archives Canada

Gravel, François

Débile toi-même ! et autres poèmes tordus

Pour les jeunes.

ISBN 978-2-89540-325-8

I. Egger, Virginie, 1966- . II Titre.

PS8563.R388D42 2007 jC841'.54 C2007-940712-9 PS9563.R388D42 2007